DE LAS PIRÁMIDES A LOS RASCACIELOS

Edificaciones en las Américas

ESCRITO POR JUDITH DUPRÉ

ADAPTADO POR SEVE SEOANE

Tabla de contenido

CAPÍTULO 1

El arte y la ciencia de la edificación

Si alguna vez has tenido que protegerte de la lluvia torrencial o del caluroso sol de verano en el interior de algún lugar, ya comprendes por qué la gente necesita **refugios**. Los refugios protegen a la gente de los climas extremadamente fríos o calurosos. Las personas necesitan un refugio para poder vivir.

Los primeros refugios fueron construidos de materiales encontrados en las zonas cercanas. Las casas eran construidas de madera en las áreas boscosas, de piedra en los lugares montañosos, de pieles de animales en las llanuras y desiertos sin vegetación y de hielo en el frío ártico.

Con el paso del tiempo, la gente empezó a construir casas más grandes y cómodas. Se fueron desarrollando nuevos materiales y mejores maneras de transportarlos. Por lo tanto, se hizo posible la construcción de otros tipos de edificios.

↓ **Esta línea cronológica muestra las fechas aproximadas de las construcciones que aparecen en este libro.**

500 A.C.–900 D.C.	1100–1300	1600–1780	1780–1870
Ciudades maya	**Viviendas en las rocas**	**Casa puritana**	**Cabaña de troncos**

La **arquitectura** es el arte y la ciencia de la edificación. Forma parte del arte porque refleja la creatividad del arquitecto y las necesidades de la gente de un lugar y tiempo determinados. Y forma parte de la ciencia porque los edificios deben balancear dos fuerzas diferentes de la naturaleza: la fuerza hacia abajo de la **gravedad** y la fuerza horizontal del viento. De lo contrario, los edificios se derrumbarían.

Este libro trata sobre los muchos tipos de refugios construidos en las Américas a lo largo de los últimos 2,000 años, desde los tipis a las casas rancheras hasta los **rascacielos**. Observaremos las formas en que la arquitectura americana ha ido cambiando y las maneras en que ha permanecido igual. Incluso ahora, la arquitectura continúa cambiando mientras que se inventan nuevas tecnologías, y no sólo aquí en la Tierra, ¡sino incluso en el espacio!

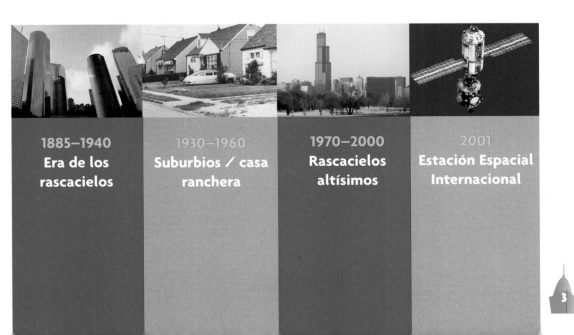

1885–1940
Era de los rascacielos

1930–1960
Suburbios / casa ranchera

1970–2000
Rascacielos altísimos

2001
Estación Espacial Internacional

Edificado para los dioses

Los expertos piensan que puede haber más de 3,000 construcciones en este sitio de Guatemala; la más alta es esta pirámide, ¡de 229 pies de altura!

Los primeros constructores de ciudades en las Américas fueron los maya de centroamérica. En la actualidad, sus descendientes habitan los países de México, Guatemala, Belice y Honduras. Los antiguos maya construyeron ciudades desde alrededor del año 500 A.C. hasta aproximadamente el año 900 D.C.

Cientos de ciudades maya estaban conectadas por caminos que permitían a la población intercambiar bienes (objetos o posesiones) e ideas a lo largo de grandes distancias. Los maya fueron unos arquitectos, artistas y astrónomos fantásticos.

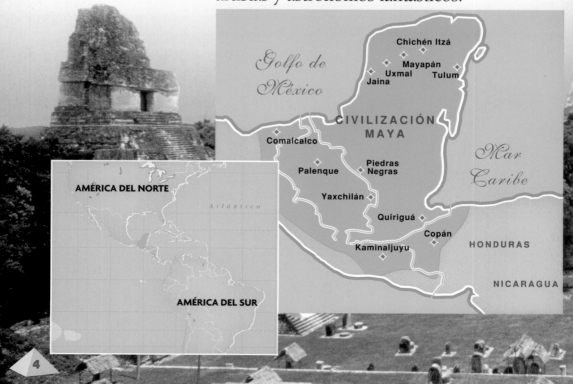

AMÉRICA DEL NORTE

Atlántico

AMÉRICA DEL SUR

Golfo de México

Chichén Itzá

Mayapán

Uxmal

Tulum

Jaina

CIVILIZACIÓN MAYA

Comalcalco

Piedras Negras

Palenque

Mar Caribe

Yaxchilán

Quiriguá

Copán

HONDURAS

Kaminaljuyu

NICARAGUA

Los maya fueron grandes guerreros también. Lucharon en batallas feroces para controlar las tierras cercanas y con frecuencia ofrecían sacrificios humanos a sus dioses.

La civilización maya empezó a decaer a partir del año 1000 D.C. Los únicos restos que dejaron fueron enormes **ruinas** de piedra. Cuando las primeras ruinas fueron descubiertas en 1839, estaban cubiertas de vegetación de la selva.

¡ASÍ FUE!

Los maya fueron grandes atletas. Practicaban el balonmano en canchas especiales llenas de público que apoyaba a su equipo favorito. A diferencia de hoy, ¡a los perdedores se les ejecutaba!

Al igual que las pirámides egipcias, las pirámides maya honraban a los reyes maya, que eran considerados dioses.

Enterradas bajo la vegetación se encontraron inmensas pirámides de piedra. Al igual que las pirámides egipcias, las pirámides maya honraban a los reyes maya, que eran considerados dioses. Los maya construyeron las pirámides en anchas y llanas **plazas** en el centro de cada poblado para que pudieran ser vistas desde lejos. El rey y su corte subían por los empinados escalones que llegaban a lo alto de la pirámide. A esta gran altura, tenían ceremonias espectaculares, que las personas comunes observaban desde abajo.

Los maya tallaban dibujos en las superficies exteriores de sus edificios. Esta escritura de dibujos, conocida como **jeroglífica**, cuenta la historia de los maya.

¡ASÍ FUE!

El día de los **equinoccios** de primavera y otoño el sol brilla de tal manera sobre esta pirámide, que aparece la sombra de una serpiente subiendo por los escalones del edificio.

Estas pirámides podrían considerarse como los primeros rascacielos de las Américas. Aunque las antiguas pirámides maya eran obviamente diferentes a los rascacielos de hoy, las razones por las que se construyeron son bastante similares. ¡Una torre significa poder!

↓ Este es un ejemplo de los jeroglíficos maya.

De la tierra

Los indígenas norteamericanos usaron materiales naturales para construir hogares prácticos y bonitos. Los indígenas norteamericanos construyeron sus casas a lo largo de toda América del Norte de acuerdo a los particulares estilos de vida de sus tribus. Sus hogares los protegían también del clima de sus respectivas zonas del país.

Sólo estudiaremos dos de los muchos estilos de hogares indígenas norteamericanos: los tipis de las Grandes Llanuras y las viviendas en las rocas del Sudoeste. A pesar de parecer diferentes, cada uno de ellos estaba perfectamente adecuado al **clima** y estilo de vida local.

Los indígenas norteamericanos de las Grandes Llanuras necesitaban hogares que se pudieran transportar, ya que se dedicaban a la caza de búfalos a lo largo de grandes distancias. Los tipis eran livianos y fáciles de desmontar durante las cacerías, o cuando las tribus se trasladaban hacia el sur a regiones más cálidas durante los meses de invierno.

Grandes Llanuras

Las tribus de las Llanuras hacían sus tipis de cuero de búfalo. Estas pieles de búfalo protegían el interior de los tipis de la lluvia y el viento, manteniéndolo seco y cálido. Por lo general, las entradas de los tipis se orientaban hacia el este para proteger a las personas de los fuertes vientos del oeste que soplan a lo largo de las Llanuras. A menudo, los miembros de la tribu pintaban los tipis con escenas de guerra o símbolos sagrados con la esperanza de que les trajera un futuro próspero.

¿Cuántos tipos diferentes de edificaciones indígenas norteamericanas conoces?

¿Cuáles puedes dibujar?

postes de madera forman la estructura del tipi

los respaldos son sillas que se pueden mover con facilidad

aberturas para el humo permiten la circulación del aire en el interior

piedras calentadas se usan para cocinar

Los *parfleches* son unas bolsas de piel que se usan para guardar objetos personales

las clavijas de madera mantienen unidas las pieles de búfalo

Hechos de ladrillos que se unían con barro, estas viviendas en las rocas tenían muchas unidades y niveles, al igual que los edificios de apartamentos modernos.

CONÉCTATE A ▷

Para aprender más sobre el Palacio Cliff y otras fantásticas antiguas estructuras indígenas norteamericanas, conéctate a: www.nps.gov/ meve/index.htm

Las casas de indígenas norteamericanos más espectaculares son las viviendas en rocas construidas por los Anasazi, o "los antiguos", que vivían en el seco Sudoeste. Hechas de ladrillos que se unían con barro, estas viviendas en las rocas tenían muchas unidades y niveles, al igual que los edificios de apartamentos modernos. Fueron construidas a los lados de las colinas y se confundían con el paisaje rocoso. Debido a su elevada posición y la dificultad para ser descubiertas, las viviendas en las rocas protegían a los habitantes de sus enemigos.

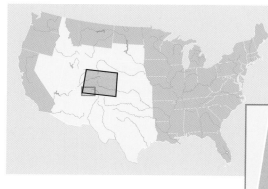

Denver ★

C O L O R A D O

○ *Parque Nacional MESA VERDE*

↑ El Palacio Cliff, construido entre los años 1100 y 1300, se encuentra en el Parque Nacional Mesa Verde, en Colorado. Tiene 220 habitaciones en edificios de hasta tres pisos de altura.

La construcción de una nueva nación

↑
Casa de reuniones Old Ship, en Hingham, Massachusetts. Más de 200 casas de reuniones fueron construidas antes de 1720. Sólo Old Ship permanece en la actualidad. Es la iglesia de madera más antigua de los Estados Unidos.

Los puritanos llegaron a Massachusetts en 1620 en busca de libertad religiosa. Tiene sentido, por tanto, que construyeran sus poblados alrededor de una **casa de reuniones**, el lugar donde toda la comunidad pudiera reunirse para rezar y tratar sobre sus asuntos. Los puritanos construyeron estos edificios rectangulares en forma de establos de **madera**, ya que la madera era abundante en el noroeste. Todos ayudaron en la construcción de la casa de reuniones local. Con tanta gente ayudando, las casas de reuniones se edificaban por lo general, ¡en menos de una semana!

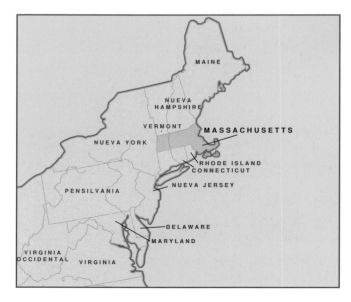

Los puritanos también construían sus hogares de madera. Usaban tablas horizontales, o **vigas**, y postes de madera para hacer una estructura sólida que soportara el tejado. Luego, rellenaban los espacios entre las tablas con una mezcla de barro y paja para protegerse de la lluvia y el viento. Por último, cubrían el exterior de la casa con delgadas láminas de madera llamadas **tablillas**. Los puritanos hacían las ventanas de sus casas pequeñas y construían una chimenea central para mantenerse abrigados durante los largos inviernos de Nueva Inglaterra.

¿De qué materiales está hecha tu casa? ¿Hay alguna relación entre los materiales y la zona donde vives?

Esta es una casa puritana en Plymouth, Massachusetts. ↓

Debido a que la mayoría de los constructores coloniales eran británicos, construyeron casas similares a las que recordaban de Inglaterra.

Debido a que muchos colonos no sabían leer, los comerciantes colgaban letreros para anunciar lo que vendían. Los letreros eran pintados con símbolos muy coloridos, como pelucas, cerdos y barcos. ↓

Entre 1699 y 1780, Williamsburg fue la capital de Virginia, que era la colonia inglesa más grande, más antigua y rica de la época. Fue en Williamsburg donde los primeros patriotas estadounidenses –George Washington, Thomas Jefferson y Patrick Henry– establecieron sus ideales de libertad e independencia con los que se fundaría la nueva nación.

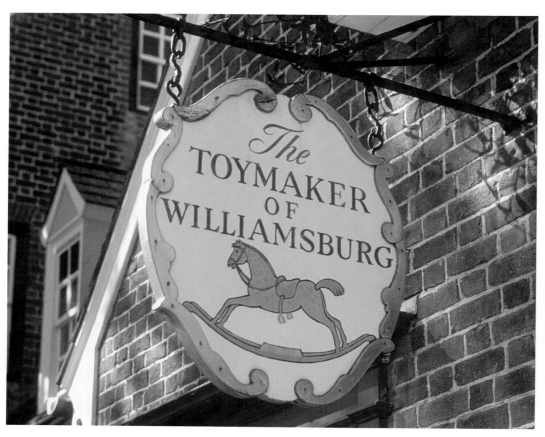

Los dos edificios más grandiosos de Williamsburg, el edificio del Capitolio y el de la universidad, se encuentran al principio y al final de la calle principal. Reflejan lo que los colonos consideraban importante: su nueva forma de gobierno y la educación. Las casas y las tiendas se entremezclaban en las animadas calles de la ciudad.

Debido a que la mayoría de los constructores coloniales eran británicos, construyeron casas similares a las que recordaban de Inglaterra. Sin embargo, hicieron cambios importantes de acuerdo a los materiales y al clima de Virginia. Construyeron las casas de ladrillos o de pino. Debido a que los veranos eran húmedos y calurosos, edificaron sus casas con techos altos y pasillos centrales que permitían la ventilación y el paso de brisas. Construyeron las cocinas en el patio trasero para separar los olores y el calor de las zonas principales de las viviendas.

↑ **Williamsburg, Virginia**

CONÉCTATE A ▶

Todavía es posible caminar por las calles del siglo dieciocho de Williamsburg, ¡hoy mismo! Pero si te resulta imposible visitarlo, revive la historia en el sitio de Internet del Williamsburg colonial: **www.history.org**

Con el fin de mejorar sus vidas, los pioneros cambiaron los paisajes de Norteamérica al preparar las tierras para construir casas, granjas y caminos.

↑ **Los carros tirados por caballos, llamados carros Conestoga, fueron los humildes antecesores de las caravanas modernas.**

Entre 1760 y 1860 miles de personas se convirtieron en colonos. Viajaban cientos de millas para llegar a vivir en tierras del oeste conseguidas gratis o por poco dinero. Con el fin de mejorar sus vidas, los **pioneros** cambiaron los paisajes de Norteamérica al preparar las tierras para construir casas, granjas y caminos.

La primera tarea de los pioneros era la obtención de comida y refugio para sus familias. Construían hogares temporales rápidamente para así poder plantar cosechas. En los terrenos boscosos, los hogares temporales eran hechos de árboles jóvenes, o pimpollos, atados entre sí y cubiertos con ramas.

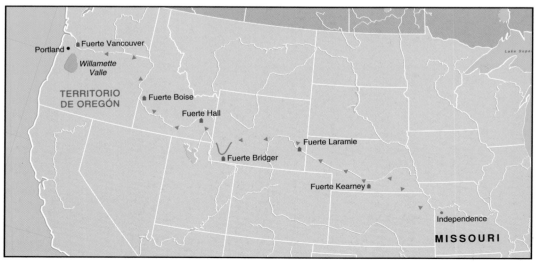

↑ **El Camino de Oregón se extendía a lo largo de 2,000 millas desde Missouri al Territorio de Oregón.**

En la **pradera**, no había árboles, así que las familias de los colonos construían sus hogares con montones de tierra. Algunos incluso cavaban sus casas en las laderas de pequeñas colinas.

Tan pronto como pudieron, los pioneros empezaron a construir hogares permanentes. La mayoría de estos eran cabañas de troncos. Los colonos colocaban los troncos uno encima de otro para formar las paredes. Rellenaban los espacios entre los troncos con musgo o barro para protegerse de la lluvia y el frío. El tejado se colocaba al final. Las cabañas tenían pocas o ninguna ventana. Muchas de las cabañas de troncos no eran más grandes que la sala de tu casa.

CONSTRUYE TU PROPIA CABAÑA DE TRONCOS

Lo que necesitarás:
- una caja cuadrada
- papel grueso o cartón
- pegamento
- palitos de *pretzels*

Dobla una hoja de papel grueso o cartón por la mitad para hacer un tejado inclinado.

Recorta el tejado para que quede parejo con la caja y pégalo sobre la parte superior de la caja.

Pega los palitos de *pretzels* en hileras rectas y horizontales sobre la caja y el tejado.

No te olvides de añadir una puerta y ventana.

↑ Los vecinos ayudaban a sus vecinos a construir las cabañas. A la construcción de una casa entre todos se le llamaba **levantar una casa**. La ocasión se convertía en un alegre acontecimiento. Después de levantar una casa, los pioneros celebraban con un gran banquete, contando relatos, escuchando música y bailando.

Edificios de muchos pisos

La gente se desespera si tiene que subir más de seis pisos por las escaleras. Los arquitectos lo celebraron cuando Elisha Graves Otis inventó, en la década de 1850, el montacargas, pronto conocido como ascensor.

Se construyeron edificios de muchos pisos en ciudades como Nueva York, Boston y Chicago.➜

A finales del siglo diecinueve, el ferrocarril atravesó por primera vez los Estados Unidos de este a oeste. Se inventaron el acero, el teléfono, el ascensor y el automóvil. El estilo de vida de la gente, sus medios de transporte y de trabajo nunca serían igual. Las posibilidades de dónde vivir y trabajar aumentaban a medida que crecía la extensión del ferrocarril. Las ciudades comenzaron a crecer rápidamente. Se empezaron a levantar edificios de apartamentos para los miles de personas que llegaban a las ciudades en busca de trabajo. A la vez, millones de **inmigrantes** europeos llegaron a los Estados Unidos. También fueron a las ciudades, por lo que necesitaron hogares y trabajo.

Sir Henry Bessemer inventó en 1856 un nuevo proceso para fabricar acero. Este nuevo tipo de acero era extremadamente fuerte y barato de producir. El acero permitió la construcción de edificios cada vez más altos. En la ciudad de Nueva York y en Chicago, ciudades ambas rodeadas de agua, no había otro lugar para construir sino hacia arriba. El acero permitió a ciudades como éstas seguir creciendo.

El edificio Home Insurance de Chicago, construido en 1885, se convirtió en el primer verdadero rascacielos, ya que su estructura estaba reforzada, o hecha más sólida, con acero. Desafortunadamente, el edificio fue demolido en 1931 para construir edificios más nuevos.

¡PIÉNSALO!

Hay una anécdota sobre William Le Baron Jenney, el arquitecto del edificio Home Insurance. Dicen que mientras observaba una jaula de pájaros, se le ocurrió que una liviana estructura similar soportaría el gran peso de las paredes de ladrillos de los edificios.

↑ Edificio Home Insurance de Chicago

Se le nombró la Octava Maravilla del Mundo una vez finalizado, y fue durante casi cuarenta años el edificio más alto del mundo.

Si el rascacielos tuvo su origen en Chicago, fue en la ciudad de Nueva York donde fue perfeccionado. Los neoyorkinos compitieron entre sí durante muchos años en la construcción del edificio más alto del mundo. Construir el segundo edificio más alto no era suficiente, ¡qué pérdida de tiempo!

El edificio Empire State fue inaugurado el 1 de mayo de 1931. Tenía una altura de 1,251 pies –¡casi un quinto de milla de alto! De repente, todos los demás rascacielos parecían pequeños en comparación. Se le nombró la Octava Maravilla del Mundo una vez finalizado, y fue durante casi cuarenta años el edificio más alto del mundo.

↑ **Lewis Hine tuvo que escalar grandes alturas para fotografiar a las valientes personas que construyeron el edificio Empire State. De ellos comentó que "algunos son héroes, y ha sido un privilegio haber conocido a cada uno de ellos."**

← **Edificio Empire State**

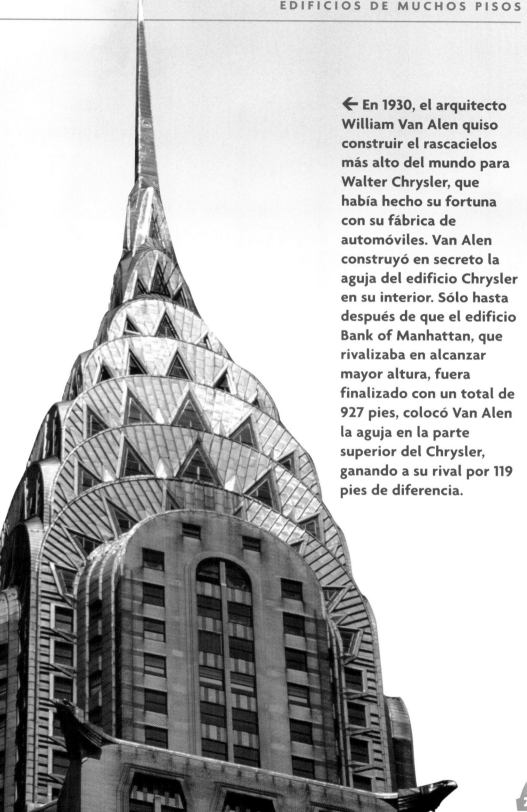

← En 1930, el arquitecto William Van Alen quiso construir el rascacielos más alto del mundo para Walter Chrysler, que había hecho su fortuna con su fábrica de automóviles. Van Alen construyó en secreto la aguja del edificio Chrysler en su interior. Sólo hasta después de que el edificio Bank of Manhattan, que rivalizaba en alcanzar mayor altura, fuera finalizado con un total de 927 pies, colocó Van Alen la aguja en la parte superior del Chrysler, ganando a su rival por 119 pies de diferencia.

GRANDES RASCACIELOS DEL PASADO

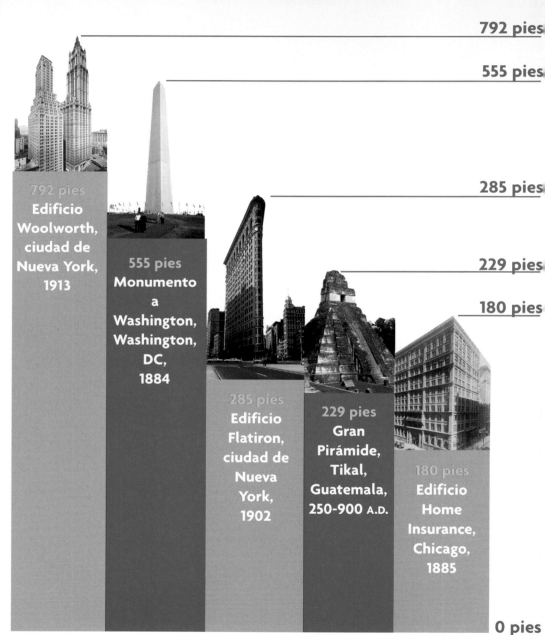

792 pies

555 pies

285 pies

229 pies

180 pies

792 pies
Edificio Woolworth, ciudad de Nueva York, 1913

555 pies
Monumento a Washington, Washington, DC, 1884

285 pies
Edificio Flatiron, ciudad de Nueva York, 1902

229 pies
Gran Pirámide, Tikal, Guatemala, 250-900 A.D.

180 pies
Edificio Home Insurance, Chicago, 1885

0 pies

En movimiento

Henry Ford fabricó el primer automóvil Modelo T en 1908. En 1910 había medio millón de automóviles en los Estados Unidos. Hacia 1929, la producción había aumentado de forma espectacular hasta los 26.7 millones de automóviles. Durante la década de 1930, se construyeron más de 650,000 millas de carreteras y 75,000 puentes. Los automóviles cambiaron la manera de vivir de los estadounidenses.

Esta pintura muestra la inauguración del Puente de Brooklyn en Nueva York en 1883. ↓

↑ **William Levitt empezó a construir el primer suburbio a gran escala en Levittown, Nueva York, en 1947. Su compañía llegó a construir 180 casas ¡cada semana! Hacia 1951, había más de 17,000 hogares en Levittown.**

La invención del automóvil permitió a muchos estadounidenses escapar de las ciudades llenísimas. Algunos eligieron mudarse a los **suburbios**, grandes barrios residenciales situados en las afueras de las ciudades. Los constructores edificaron millones de hogares en los suburbios. Fueron capaces de construirlos de manera económica y con rapidez, ya que la mayoría de las casas eran prácticamente idénticas. Todas eran construidas de la misma forma y con las mismas piezas fundamentales. Los constructores tuvieron que construir casas rápidamente debido a la gran demanda después la Segunda Guerra Mundial.

¡Altísimos!

Los rascacielos dieron un gran salto hacia arriba en la década de 1960. Arquitectos e **ingenieros** descubrieron una nueva manera de construir rascacielos usando programas de computadora. Descubrieron que si agrupaban varias partes de un rascacielos entre sí, como una serie de tubos, las fuerzas del viento y de la gravedad se repartirían de forma equilibrada a lo largo de la estructura.

Los arquitectos usaron este dato en 1974 para construir el edificio más alto hasta ese momento: la torre Sears. El honor de poseer el edificio más alto del mundo pasó entonces de la ciudad de Nueva York a Chicago. La torre Sears tiene una altura de 1,454 pies. El edificio está formado, en realidad, por nueve rascacielos individuales de diferentes alturas.

La torre Sears de Chicago, Illinois →

CONÉCTATE A ▷

Para aprender más sobre los rascacielos más altos conéctate a www.worldstallest.com

En 1997, por primera vez los Estados Unidos dejaron de ser el país con el honor de poseer el edificio más alto del mundo. Las torres Petronas, en Malasia, eran ahora las más altas con sus 1,483 pies. En los próximos cinco años se construyeron otros edificios aun más altos en Asia.

LOS EDIFICIOS MÁS ALTOS DEL MUNDO HASTA LA FECHA*

1,483 pies

1,454 pies

1,379 pies

1,250 pies

1.483 pies
Torres Petronas, Kuala Lumpur, Malasia, 1996

1,454 pies
Torre Sears, Chicago, IL, 1973

1.379 pies
Edificio Jin Mao, Shanghai, China, 1997

1,250 pies
Edificio Empire State, Nueva York, NY, 1931

*altura hasta la parte superior de la estructura

EL RETO DE CONSTRUIR UN RASCACIELOS

Vean quién puede construir la torre más alta usando palillos y pastillas de goma solamente.

Lo que necesitarás:
- **palillos**
- **pastillas de goma**

1. **Comienza clavando una pastilla en cada extremo de un palillo.**

2. **Haz triángulos, cuadrados y pentágonos usando diferentes combinaciones de pastillas y palillos.**

3. **Haz pruebas para ver qué forma o combinación produce la torre más alta y sólida.**

4. **Ponte, a ti o a tu grupo, un límite de tiempo de veinte minutos.**

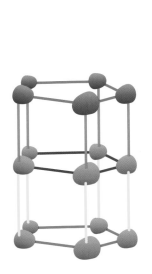
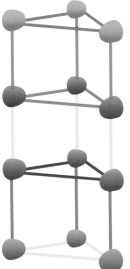
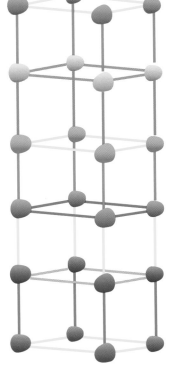

El nuevo milenio y el futuro que viene

Hoy día, arquitectos e ingenieros colaboran para hacer nuevos tipos de edificios. Al igual que los constructores del pasado, también ellos usan los materiales más nuevos y las últimas tecnologías disponibles. ¡Pero fíjate en lo que están construyendo con estos nuevos materiales y tecnologías!

La Biosfera 2 en Arizona es una inmensa estructura de cristal, acero y cemento. Tiene muchos tipos diferentes de ecosistemas, tales como una plantación de álamos, un bosque tropical, una sabana, una marisma, un desierto y un "pequeño-océano" de un millón de galones de agua salada con un arrecife de coral. La diferente estructura de

? ¿Qué aspecto tendría tu casa ideal? Haz un dibujo.

↑ **Interior y exterior de la Biosfera 2**

la Biosfera permite a los científicos estudiar cómo funciona la naturaleza en un ambiente totalmente cerrado.

El 1 de noviembre de 2000, un nuevo tipo de casa abría sus puertas para recibir a sus primeros residentes. Encendieron las luces, apagaron los sistemas de alarma y se aseguraron de que funcionaran los baños. Luego, tomaron asiento y disfrutaron de las mejores vistas jamás observadas del planeta Tierra. Su nuevo hogar no se trataba de una casa cualquiera, ¡era la Estación Espacial Internacional (EEI)!

CONÉCTATE A ⟩

Conoce a los astronautas de la Estación Espacial Internacional y sigue acontecimientos de NASA en directo en www.discovery.com/ stories/science/iss/ i_spacewalk.html

↑ La EEI es la estructura más grande jamás construida en el espacio. Cuando se finalice en 2005, medirá 356 pies por 290 pies, y pesará casi 460 toneladas.

Salón de la Fama de la construcción estadounidense

El edificio más alto: La torre Sears de Chicago tiene una altura de 1,454 pies.

El edificio más grande: El edificio de Ensamblaje de Vehículos del Centro Espacial Kennedy en Florida cubre un área de ocho acres, el equivalente a casi cuatro edificios Empire State colocados de lado a lado.

El monumento más alto: El arco Gateway de St. Luis, Missouri, tiene 630 pies de altura y 630 pies de ancho.

La casa más grande: La casa Biltmore en Asheville, Carolina del Norte, fue construida en 1895 y tiene 250 habitaciones y 65 chimeneas.

La casa más inteligente: La casa de Bill Gates en el estado de Washington está considerada como la más "inteligente", ya que hace uso de nuevas tecnologías para controlar la luz, la música, las alarmas y los aparatos eléctricos de casa.

El hotel más alto: El Westin Peachtree Plaza se eleva 73 pisos por encima del centro de la ciudad de Atlanta, Georgia.

El primer y único hotel submarino: El alojamiento submarino de Jules se encuentra a treinta pies bajo el mar en Key Largo, Florida.

La cúpula más grande El Capitolio de Washington, DC, está cubierto por una cúpula de hierro, acabada en 1886, de 287 pies de altura y 96 pies de ancho

El ascensor más rápido: La torre de la Estratosfera en Las Vegas, Nevada, tiene cuatro ascensores de dos pisos que avanzan a 2,500 pies por minuto.

Glosario

arquitectura	**el arte y la ciencia del diseño de estructuras**
casa de reuniones	**edificio usado para rezar y para reuniones públicas**
clima	**promedio de condiciones atmosféricas en un lugar a lo largo del año**
equinoccio	**uno de los dos días del año cuando el día y la noche tienen la misma duración en todo el mundo**
gravedad	**la fuerza que atrae a las cosas hacia el centro de la Tierra**
ingenieros	**personas que usan conocimientos científicos para planear y diseñar edificios**
inmigrantes	**personas que se mudan a vivir a un país que no es el suyo**
jeroglíficos	**forma de escritura que hace uso de dibujos en vez de palabras para comunicar ideas**
levantar casas	**la construcción de una casa o su estructura por un grupo de vecinos**
madera	**material extraído de los árboles usado en la construcción**
pioneros	**personas que viajaron al oeste para tomar posesión de terrenos a cambio de vivir y trabajar en ellos**
plazas	**zonas llanas y amplias rodeadas de estructuras**
pradera	**amplias extensiones llanas o montañosas con pocos árboles**
rascacielos	**edificios muy altos**
refugio	**algo que cubre o que ofrece protección**
ruinas	**restos de un edificio lentamente desgastado por el paso del tiempo y el clima**
suburbio	**zona residencial que se encuentra cerca o junto a una ciudad grande**
tablillas	**delgadas láminas de madera utilizadas en el exterior de una casa**
vigas	**piezas largas y pesadas de madera utilizadas en la construcción**

Índice